LOUIS DUVAL

LA LIBÉRATION

DU TERRITOIRE NORMAND

SOUS CHARLES VII

Lecture destinée à la séance publique, tenue à Argentan, par la Société
Historique et Archéologique de l'Orne, le 11 Octobre 1894.

ALENÇON

TYPOGRAPHIE RENAUT-DE BROISE

5, PLACE D'ARMES 5,

1894

LOUIS DUVAL

LA LIBÉRATION
DU TERRITOIRE NORMAND

SOUS CHARLES VII

Lecture destinée à la séance publique, tenue à Argentan, par la Société
Historique et Archéologique de l'Orne, le 11 Octobre 1894.

ALENÇON
TYPOGRAPHIE RENAUT-DE BROISE
5, PLACE D'ARMES, 5,

1894

Extrait du *Bulletin de la Société Historique et Archéologique de l'Orne*.

LA LIBÉRATION

DU

TERRITOIRE NORMAND

SOUS CHARLES VII

PART QU'Y PRIRENT JEAN II, DUC D'ALENÇON ET LES VILLES DE SON DUCHÉ

Jean II, duc d'Alençon, était né le samedi 2 mars 1409, à Argentan, séjour de prédilection de ses ancêtres depuis l'acquisition qu'en avait faite le comte Pierre II. Orphelin par la mort de son père, tué à Azincourt et inhumé à Saint-Martin de Sées, il fut élevé à Argentan sous les yeux de Marie de Bretagne, sa mère, de Marie de Chamaillard, son aïeule, et de deux de ses tantes, Jeanne et Marguerite d'Alençon, ces trois dernières inhumées à l'Hôtel-Dieu d'Argentan où elles soignaient les pauvres. Chassé de son patrimoine par l'invasion anglaise, il dut quitter Argentan, le 4 février 1417, pour n'y rentrer que trente-deux ans plus tard. Après une tentative hardie pour reprendre Ivry, le jeune duc d'Alençon, auquel les bourgeois de Verneuil avaient ouvert leurs portes, fut forcé de livrer bataille aux Anglais, le 17 août 1424. Il s'y comporta vaillamment, fut blessé et renversé de cheval et, sans le secours du bâtard d'Alençon, de Blosset, de l'Arçonneur qui lui firent un rempart de leurs corps, il aurait infailliblement péri (1). Emmené en captivité, il refusa noblement la liberté et la restitution de ses domaines que lui offrait le duc de Bedford, au prix d'une trahison envers la France. Il resta trois ans prisonnier et dut payer à Bedford une rançon de 200.000 saluts d'or, somme énorme pour le temps. Il fut obligé de vendre les bijoux, les pierreries et les meubles précieux qui garnissaient l'hôtel d'Alençon. Pour s'acquitter, il céda au duc de Bretagne les villes de Fougères, Bazogés et Antrain, dont il avait hérité après la mort de sa mère.

Jeanne d'Arc n'eut pas d'ami plus dévoué. Il assista à l'entretien qu'elle eut, en tête à tête, avec Charles VII et fut le confident du secret qu'elle révéla au roi, pour preuve de sa mission. Elle l'appelait son gentil duc et, lorsqu'il combattait à ses côtés, elle l'assurait qu'elle avait promis à la duchesse d'Alençon, Jeanne d'Orléans, qu'elle le ramènerait sain et sauf. Il lui sauva la vie, lors de la malheureuse attaque sur Paris et lui resta fidèle, morte et vivante. La part qu'il prit au procès de réhabilitation de Jeanne d'Arc fait le plus grand honneur à sa mémoire.

Jean II était, au témoignage des chroniqueurs contemporains, le prince le mieux fait de son temps. Il était vaillant et adroit aux armes, prompt et hasardeux aux entreprises, bien disant et affable, généreux et loyal, mais trop sensible aux injures et incapable de se contenir lorsqu'il se croyait outragé, disent les chroniques. Il poussa même cet esprit d'indépendance jusqu'à la révolte, lors de la Praguerie, qui ne fut autre chose qu'une tentative de résistance de la vieille société féodale à la centralisation opérée par Charles VII (A). C'était, au reste, un chevalier accompli, aimant passionnément les chevaux, la chasse, les tournois, la musique, et ne craignant pas la dépense lorsqu'il s'agissait de satisfaire ces goûts luxueux ; à ses heures, il cultivait même la poésie.

Par ses défauts autant que par ses qualités, il ne pouvait manquer d'être populaire chez nous, et par là, il servit efficacement la cause de Charles VII. « Il était, dit l'historien Blondel, ar-

(1) « Au lieu où fut donné cette bataille, un ermite qui avoit été homme de guerre, pour l'honneur des seigneurs de France, fit bénir le champ et fonda une chapelle où il fit mettre les ossements des morts, et chacun an, à la Saint-Denis, au champ de la dite bataille, il y a une foire et marché et grands pardons à ceux qui y vont, dit la *Chronique de Normandie* ». (*Mémoires de la maison d'Alençon,* par Mannoury de Perteville. — *Annuaire de l'Orne,* 1863).

demment désiré par les habitants de la ville et duché d'Alençon
qui n'avaient jamais eu à souffrir aucune exaction de la part de
son père ni de ses aïeux, tous distingués par leur piété et leur
amour de la justice (1) ».

I

On ne doit donc pas être surpris que le soulèvement général
qui se produisit en Normandie en 1449 et qui permit à Charles VII
de reconquérir, en une seule année, tant de places où les Anglais
avaient accumulé les moyens de résistance ait pris naissance
dans le duché d'Alençon.

C'est de Verneuil, en effet, ville réunie au duché, et témoin des
premiers exploits de Jean II, que partit le signal de la déli-
vrance. Les trèves conclues par Charles VII avec les Anglais,
à la suite d'échecs successifs, causés par la mésintelligence des
chefs de l'armée, avaient eu cette conséquence déplorable de
substituer partout le règne du brigandage à la guerre ouverte.
Les garnisons ne vivant que de pillage, chaque forteresse était
devenue un repaire de brigands qui infestaient toutes les routes.
Le Perche et la partie du duché d'Alençon qui confinait au
Maine eurent plus à souffrir de ces désordres que les autres
parties de la Normandie.

Verneuil qui forme la pointe à l'extrémité de ces pays, du côté
de l'Ile-de-France, était alors occupé par un aventurier fameux,
François de Surienne, dit l'Aragonais, oncle de Rodrigue
Borgia, depuis pape sous le nom de Alexandre VI et digne émule
des féroces *Écorcheurs* dont Charles VII eut tant de peine à se
débarrasser. François de Surienne n'en était pas moins officiel-
lement conservateur des trèves primitives.

Le roi d'Angleterre avait d'ailleurs reconnu ses services en le
faisant chevalier de la Jarretière et en le nommant son conseiller.
Il avait, en outre, obtenu la main d'une fille du seigneur de Longny. La garde du château de Longny lui avait été ainsi confiée et
il y avait placé comme capitaine Richard aux Espaules, sire de

(1) *Œuvres de Robert Blondel,* publiées par A. Héron, pour la Société de
l'Histoire de Normandie, t. II, p. 123.

Sainte-Marie, son gendre (1). De sorte que Verneuil et Longny, refuges des bandes les plus féroces, étaient alors la terreur des voyageurs, des marchands et de tous les habitants paisibles.

De là sortaient la nuit des troupes de brigands, affublés de masques et d'habits bizarres qui leur donnaient l'apparence de démons, et qu'on appelait les *Faux-Visages*. Leur manière d'opérer rappelle celle des *Chauffeurs* d'il y a cent ans. Embusqués sur les routes, dit Monstrelet, ils détroussaient et égorgeaient « les bonnes gens et marchands qui passoient leur chemin, et alloient, de nuit, par le plat pays, prendre en leurs licts et meurtrir et couper les gorges des gentilshommes qui estoient de l'obéissance du roi (2) ».

Mais ces exploits misérables n'étaient pas faits pour contenter l'Aragonais qui, un beau jour ayant réuni dans Verneuil six cents hommes détermnés, les dirigea inopinément sur Fougères, à travers le pays (3), malgré les trèves. Il était coutumier de ces coups de main et se vantait de s'être emparé ainsi, par ruse ou par force, de trente-deux places. Le pillage, naturellement, était

(1) Bart des Boulais (*Antiquités du Perche*, p. 88, n.), dit que Nicolas de Longny succéda à Jean de Longny et qu'il n'eut qu'une fille, mariée à l'Aragonais. Plus loin, il est vrai, (p 221), le même auteur dit que l'Aragonais possédait Longny au droit de sa femme, fille de Louis de Longny.

Les archives de l'Orne (H. 2781), renferment une charte du 7 juin 1340, par laquelle on voit que Pierre de Longny, chevalier, avait épousé Jeanne de Beaumont. Une autre charte du même (H. 2.774), datée du 11 juillet 1373, nous fait connaître jusqu'à quelle époque il a vécu.

Les archives de l'Orne possèdent également plusieurs chartes de son fils Nicolas de Longny, l'une du 26 avril 1377 (H. 2781), l'autre du dimanche 15 mars 1385 (n. s. H. 2774), une autre du 31 décembre 1397 et la quatrième du 24 octobre 1399 (H. 2.793).

Après la mort de Nicolas de Longny, vers 1407, son fils Louis, nommé maréchal de France en 1411, lui succéda. Le château de Longny ne se rendit qu'en 1418.

Le P. Anselme, dans la notice qu'il a consacrée aux sires de Longny, en son *Histoire des grands officiers de la couronne de France* (t. vi p. 775-776), nous apprend que Louis de Longny avait épousé Anne de Graville, chambellan du Roi, suivant contrat du 12 avril 1412, dont il eut Nicolas de Longny, Marguerite et Jeanne, mentionnés dans un arrêt de 1450.

(2) Monstrelet, *Chronique* publiée par Douët d'Arc. — Vaugeois. *Hist. des antiquités de la ville de Laigle et des environs* ; p. 431.

(3) Un Breton, nommé Le Gascart, demeurant à Saint-James-de-Beuvron (*Manche*), fut chargé par Fr. de Surienne de transporter de Condé-sur-Noireau à Fougères, les échelles de siège arrivées de Verneuil. La prise de Fougères eut lieu le 24 mars 1449.

toujours le mobile de ces expéditions. L'Aragonais ne connaissait pas d'autre manière de payer la solde de ses troupes et d'entretenir leur ardeur. On prétend que le pillage de Fougères, exécuté en pleine paix, lui valut deux millions d'écus d'or.

Cette violation audacieuse des traités, dénoncée par Charles VII et par le duc de Bretagne au gouvernement anglais, avec l'assentiment duquel elle avait été préparée, eut les conséquences les plus graves. Le mieux sort souvent de l'excès du mal, et cette circonstance offrit à Charles VII une occasion qu'il attendait. Désormais, il était évident que pour les Français la guerre était plus sûre que les trèves, et depuis longtemps le roi avait pris la résolution de mettre fin à une situation devenue intolérable. Par là, comme au temps de Jeanne d'Arc, il se montra à la hauteur de sa mission. Il avait compris que pour reconquérir enfin son royaume et faire renaître la prospérité en France, il fallait faire de l'armée la gardienne de la sécurité publique. Ce fut une idée de génie, qui rallia à la cause royale toutes les énergies, tous les dévouements et pour laquelle les historiens du temps, échos de l'opinion des contemporains, n'ont pas assez de louanges.

« Depuis ce temps, dit Blondel, les gens de guerre qui ravageaient le pays en temps de paix et pendant les trèves, s'abstiennent de tout pillage et ne font violence à personne. On ne court plus aucun danger sur les routes, et les marchands vont d'un pays à l'autre sans être réduits, par peur d'être dépouillés, à cacher, jusque dans les conduits secrets de la nature, l'or qu'ils portent avec eux... Ils n'enlèvent aux fermes non seulement ni petit ni gros bétail, mais pas même une oie ou un cochon de lait (1) ».

Je n'ai pas à faire connaître l'organisation militaire préparée par Charles VII durant les trèves. A l'aide des subsides votés par les gens des Trois-États des provinces reconquises, il avait complété son artillerie et organisé les compagnies d'ordonnance, véritable armée permanente et les *francs-archers*, sorte d'armée territoriale, composée d'hommes fournis par chaque paroisse, libres de tout service en temps de paix, exempts d'impôts, mais obligés de partir au premier appel, en temps de guerre, et formant un lien étroit entre la cause du roi et celle du peuple. Dès lors

(1) Blondel. T. II, p. 287; 301.

à la guerre de partisans organisée par les gentilshommes, à leurs risques et périls, cause de désordres et de sanglantes représailles et peu sympathique aux habitants des villes, allait se substituer la guerre régulière dans laquelle les bourgeois ne craignirent plus de prendre ouvertement parti pour le roi.

Deux événements bien connus vinrent ranimer les espérances des Français et montrer la part que les gens du Tiers-État, en Normandie comme dans les autres provinces, devaient prendre au mouvement patriotique qui amena l'expulsion définitive des Anglais La prise de Pont-de-l'Arche fut due à un marchand de Louviers, Guillaume Houel, qui y introduisit le sire de Mauny et Jean de Brezé, allié de l'Aragonais (15 mai 1449). Il en fut de même à Verneuil.

Les Anglais s'attendant partout à être attaqués obligeaient rigoureusement les habitants au service du guet. A Verneuil, un meunier, du nom de Jean Bertin, avait eu à subir des outrages de la part d'un Anglais qui l'avait trouvé endormi. Cet Anglais, dit-on, aurait été mû par un sentiment de jalousie à l'égard du meunier ; suivant d'autres, au contraire, ce dernier aurait eu à défendre contre lui l'honneur de sa fille. Bertin, en tous cas, était un homme de cœur que l'on n'insultait pas impunément. Aussi, d'accord avec les bourgeois de Verneuil, fatigués des Anglais, il alla trouver secrètement Robert de Floques, ou Floquet, bailli d'Évreux, et lui fit part d'un projet audacieux. Le bailli, après avoir hésité quelque temps, en conféra avec le comte de Dunois, et il fut résolu que le sénéchal du Poitou se rendrait promptement avec ses troupes aux environs de Verneuil. Pour écarter tout soupçon, on organisa pour le 19 juillet 1449, dans la forêt de Conches, une grande partie de chasse à laquelle prirent part les femmes du sénéchal et du bailli, sœurs germaines, suivies d'une troupe joyeuse de jeunes gens et de jeunes filles. Les hommes d'armes profitèrent de cette circonstance pour s'introduire dans la forêt, par trois bandes, et se préparèrent à surprendre la ville pendant la nuit. Comme ce jour-là était un samedi, le meunier eut soin de laisser écouler l'eau des biefs, sous prétexte que, les moulins ne fonctionnant pas le dimanche, il pouvait ouvrir ses écluses. Il conduit alors les Français par les endroits que les Anglais ne surveillaient pas, pendant que son compagnon, qui faisait le guet avec eux sur les remparts, leur persuade d'aller entendre la messe dès le lever du soleil. Les Français s'introduisent alors dans le lit de l'Avre et pénètrent dans la ville, par l'arche sous laquelle passe la rivière et par dessus les remparts, que les soldats anglais avaient momentanément abandonnés. Ils arrivent ainsi jusqu'à la grande rue, disant à voix basse aux bourgeois qu'ils rencontrent : « Qu'aucun habitant ne sorte de chez lui. Vos personnes et vos biens n'auront rien à souffrir ». Un seul bourgeois fut tué dans la bagarre. Cent vingt Anglais furent passés au fil de l'épée ou faits prisonniers.

Le lendemain, le courageux meunier persuada au bailli et au sénéchal d'achever leur ouvrage en délogeant l'ennemi du château. Aidés des bourgeois qui font écouler l'eau des fossés, ils donnent l'assaut sans le secours des échelles. Après un combat acharné, les Anglais se retirent du château qui est occupé par les Français et se renferment dans la grosse tour ou Tour-Grise, où bientôt, pressés par la famine, ils seront obligés de capituler.

Verneuil étant la clé de la Normandie et du Perche, Dunois put dès lors entrer en campagne. Très rapidement, il s'empare d'Harcourt, de Logempré, de Pont-Audemer et dirige ses troupes, au nombre de près de dix mille hommes, vers Lisieux. L'évêque, Thomas Basin, nommé récemment par les Anglais, mais homme réfléchi et animé du désir de sauver sa vie, persuade aux Anglais qui composent la garnison que le mieux pour eux est de traiter avec Dunois. La reddition est signée, à condition que les Anglais auront la vie sauve, que le clergé et les habitants seront maintenus dans leurs dignités et dans leurs biens. Cette soumission entraîne celle de seize forteresses voisines, de presque tout le diocèse de Lisieux et du pays d'Auge. Ce fut une allégresse générale. « Les proscrits, dit Robert Blondel, reviennent dans leurs foyers et recouvrent leurs biens. Les habitants, délivrés du poids de la guerre, élèvent le roi Charles jusqu'aux nues et se plaisent à recevoir chez eux les soldats sans rien vouloir accepter d'eux pour prix des aliments qu'ils leur donnent. Les impôts de cette riche région ne parviennent plus à Rouen et les ressources de l'ennemi s'en trouvent ainsi taries. »

Le sieur d'Orval, fils de Charles II d'Albret et d'Anne d'Armagnac, détaché de l'armée principale, attaque alors avec sa compagnie la place de Gacé, que les Anglais avaient fortifiée au-delà

de ce qu'elle devait déjà à l'art et à la nature. La garnison s'efforce
de repousser les assaillants ; ceux-ci redoublent d'efforts et
s'emparent enfin de la tour (1).

Les villes de la Basse-Normandie n'hésitent plus à manifester
hautement leurs sympathies pour Charles VII. Dans une assemblée tenue à Lisieux, après la reddition de cette ville, il avait été
résolu qu'on enverrait à Charles VII le sire de Gaucourt, attaché
à la maison d'Alençon et le sire de Culant, grand-maître de
l'hôtel du roi, pour le presser de se mettre en campagne. Le roi,
après s'être rendu à Chartres, fit son entrée à Verneuil le 23
août, aux acclamations de la foule, chantant Noël (2). Les défenseurs
de la Tour-Grise, épuisés par la famine, lui en remirent les clés.
Or parmi eux se trouvaient une bonne partie de ces brigands
qui, pendant si longtemps, avaient été la terreur du pays. Le roi
était décidé à ne pas leur faire grâce et à leur infliger le châti-
ment qu'ils méritaient, mais par malheur ils réussirent à cor-
rompre leurs gardiens et à s'échapper en se laissant glisser le
long des murs, avec de longues cordes, en emportant leur butin,
ce dont le peuple fut indigné.

La reddition de Mantes fut due également à un mouvement
spontané. Les habitants, longtemps dominés par les ennemis du
roi, avaient à se faire pardonner les injures personnelles qu'ils
lui avaient adressées. Le maire, craignant pour sa ville, écrivit
au roi pour l'assurer du repentir sincère de ses concitoyens et
eut soin de charger le gardien des Frères-Mineurs de remettre
sa lettre au Conseil du roi. Charles VII, heureux de pouvoir
éviter l'effusion du sang français, accueillit favorablement le
messager du maire et accorda à la ville et aux bourgeois de
Mantes des lettres d'abolition portant rétablissement de leurs
privilèges. Le Frère-Mineur, de retour à Mantes, rendit compte
au maire du succès de sa mission et fit savoir en même temps
au capitaine anglais que les armées du roi de France allaient
incessamment se précipiter sur la ville. Sans attendre que les
Anglais cédassent à ces menaces, les habitants s'emparèren

(1) Blondel, *Ibid.*, T. II, p. 79.
(2) Suivant Odolant Desnos, Jean Bertin fut non seulement anobli et fait
vicomte de Verneuil, mais encore mis en possession du moulin du do-
maine qu'il exploitait. Vaugeois, dans ses *Recherches sur Verneuil*, a fait
ustice de cette légende en la réduisant à l'anoblissement.

alors de la Porte-au-Saint et facilitèrent ainsi l'entrée des Français.

Restait le château de Longny où commandait le gendre et l'émule de l'Aragonais. Sentant que s'il ne se soumettait qu'à la force, il perdrait non seulement sa charge, mais ses biens et peut-être la vie, en punition de ses nombreux méfaits, il prit un parti en rapport avec son caractère. Il donna pour consigne aux Anglais de défendre la basse-cour, disant qu'il se chargeait du donjon, pendant que lui-même concluait un accord avec le sénéchal du Poitou, son parent, et introduisait les Français dans le château rempli de butin. Il obtint ainsi d'être maintenu dans son poste. Son beau-père l'Aragonais, quelques mois après, cédait au duc de Bretagne, moyennant une somme de 10.000 écus, la ville et le château de Fougères et, à cette condition, entrait dans les bonnes grâces de Charles VII. Quant à la femme de François de Surienne, Marguerite de Vaucelles, qui ne pardonna jamais à son gendre d'avoir livré sans coup férir et sans s'assurer de grands avantages (1), une place telle que celle de Longny (2), elle s'était retirée au château de Condé-sur-Noireau, où elle fut assiégée et faite prisonnière par les gens du comte de Clermont, au mois de novembre 1449 (3).

II

Les armées françaises se séparèrent alors en quatre corps, dont l'un devait opérer dans le pays de Caux, pendant que Dunois

(1) Richart aux Espaules mit la place de Longny en l'obéissance de Charles VII au mois de septembre 1449. Il reçut en récompense de Pierre de Brézé, sénéchal du Poitou, une somme de 1,200 écus d'or pour lui et douze compagnons de langue française comme condition de la reddition de la place. (*Les Anglais dans le duché d'Alençon*, par M. le marquis de la Jonquière. *Bulletin de la Société historique et archéologique de l'Orne*, t. XII. p. 19).

(2) Nous ignorons quelles dispositions contient l'arrêt de 1450, mentionné par le P. Anselme (*Hist. des grands officiers de la couronne* (B) t. VI p. 776). Il paraît que la baronnie de Longny fut rendue aux héritiers de Louis de Longny. Ce qui est certain, c'est que dans une transaction entre les habitants de Longny et leur seigneur, du 18 avril 1457, au sujet des droits féodaux possédés par ce dernier on voit figurer « damoiselle Jehanne, la vicomtesse, dame du Tremblay, noble et puissant messire Claude de Chateaubriant, chevalier, dame et seigneur de Longny. » (Arch. de l'Orne H. 2783).

(3) L'abbé Huet, *Histoire de Condé-sur-Noireau*, p. 55.

soumettait Harcourt et Chambray. A la tête du corps principal, Charles VII fit son entrée à Évreux et à Louviers. En même temps, le duc Jean II pénétrait, avec une quatrième armée, sur les terres de son duché. La reprise d'Essai fut un de ses premiers succès.

Le 20 septembre, une partie des Anglais de la garnison d'Essai et ceux du fort de Boitron devaient aller pêcher l'étang d'Aves. Le duc d'Alençon, en ayant été informé par Macé Mallart, seigneur de Fontaines, s'y rend avec une troupe de gens choisis, conduits par Mallart. Les soldats anglais, surpris, sont tous tués ou faits prisonniers. Le duc fait alors investir Essai et menace le lieutenant et ceux qui sont restés avec lui, à la garde du château, de faire couper la tête aux prisonniers s'ils ne se rendent sur l'heure. Ceux-ci s'empressent d'ouvrir les portes de la ville et celle du château et se rendent prisonniers. Le fort de Boitron se rend aux mêmes conditions et le brave Mallart est nommé capitaine d'Essai.

Nous ne pouvons entrer dans le détail des opérations qui eurent lieu dans le reste de la Normandie, mais nous devons constater que, dans le Cotentin, par exemple, l'empressement des villes en faveur de Charles VII ne fut pas moins vif que dans le duché d'Alençon. Le duc de Bretagne et le connétable de Richemont s'étaient joints de ce côté aux intrépides défenseurs du Mont-Saint-Michel. Une attaque avait été ainsi dirigée contre Coutances, dont les murs allaient être battus en brèche par une bombarde placée dans le jardin des Frères-Prêcheurs. Les membres du clergé et les bourgeois, convoqués à la hâte, intervinrent alors, et leur délibération nous a été conservée. S'ils résistent aux Français, ils se montreront déloyaux et ennemis de la patrie ; s'ils se déclarent pour les Anglais, ils s'exposent à perdre les charges et les bénéfices que ceux-ci leur ont conférés. Dans cette alternative, ils n'ont pas à hésiter. Il faut abandonner le parti des ennemis du roi de France. En conséquence, toujours prudents, les bourgeois de Coutances envoient aux chefs anglais un présent d'excellent vin de France, leur exposent qu'il est impossible de songer à résister à l'attaque des Français et les engagent à ouvrir les portes de la ville, qui ne peut manquer d'être prise le lendemain, s'ils ne se soumettent pas spontanément. Refus des Anglais qui, comptant sur un secours du dehors, adjurent en vain le clergé et les bourgeois de pren dre part à la défense. Pris entre la population urbaine et l'ennemi, les Anglais se décident enfin à se rendre et les termes de la capitulation sont que les ecclésiastiques garderont leurs bénéfices, les laïques leurs offices et que les Anglais pourront se retirer vies et bagues sauves.

A Saint-Lô, les drapiers n'avaient pas attendu l'arrivée du duc de Bretagne et, avant son entrée en Normandie, ils lui avaient adressé un appel pour le prier de venir les délivrer. Les Bretons s'emparent sans peine des faubourgs dont les habitants s'efforcent de leur ouvrir les portes. Le bailli du Cotentin et quelques fonctionnaires, engagés dans le parti anglais, veulent s'opposer au vœu de la multitude qui affirme de plus en plus énergiquement sa volonté de rentrer sous l'obéissance du roi de France. Le bailli ne résiste pas plus longtemps et obtient, pour lui et les siens, de bonnes conditions.

Ce mouvement est secondé par un soulèvement général des paysans qui partout donnent la chasse aux pillards anglais. Réunis aux bourgeois de Saint-Lô, ils mettent le siège devant Carentan. L'un d'eux, pour aider les soldats à monter à l'assaut, amène une charretée de bois pour combler les fossés. « C'est ma part, dit-il, et s'il en faut davantage, je couperai mes chers pommiers, plutôt que de laisser échouer une entreprise si belle faute du bois nécessaire pour les fascines ». On donne l'assaut, les défenseurs des remparts perdent courage et le duc de Bretagne leur fait grâce, ainsi qu'aux habitants qu'ils avaient excités à les seconder dans la résistance.

Valognes, dans la première quinzaine d'octobre, avait opéré sa révolution et avait ainsi décidé la reddition d'une quinzaine de châteaux des environs. La prise de Gavrai, qui avait demandé neuf mois de siège à Du Guesclin, fut l'affaire de trois jours, sans le secours de l'artillerie. Tant il est vrai, dit Blondel, que rien n'est impossible à un peuple qui veut se débarrasser du joug odieux de la tyrannie. Ce succès fut suivi d'un combat contre les Anglais de Vire et de Domfront, sur la route de Sourdeval.

A Alençon même, vers la fin de septembre, quatre des principaux bourgeois, Jean du Mesnil, Jean Brosset, Guillaume le Boulleur et Jean Moinet, s'étaient mis à la tête d'une conspiration pour introduire dans la ville le duc Jean II qui se tenait à Essai. Une assemblée secrète des bourgeois fut tenue à cet effet et le duc fut prévenu de se trouver, vers minuit, à un jour indiqué sous les murs de la ville. A minuit, le duc se rendit près de la Poterne, mais par malheur le bourgeois qui était de guet à ce poste, nommé Duval, avait oublié le mot de passe, de sorte que, lorsque le duc fit l'appel convenu, celui-ci ne sut que répondre. Le duc craignant une trahison se retira promptement et reprit le chemin d'Essai. Quelques instants après arrivèrent les conjurés, suivis d'une foule de bourgeois armés pour recevoir le prince. On juge quel fut leur mécontentement. Ils furent même, dit-on, sur le point de tuer le maladroit gardien. Enfin après une courte délibération, il fut résolu que Moinet, qui était le plus jeune serait descendu par dessus les murailles pour courir après le prince et l'inviter à revenir au plus vite. Moinet le rejoignit, dit-on, près du hameau d'Aché, à trois kilomètres d'Alençon, sur la route de Paris, et lui présenta les excuses des bourgeois en lui expliquant que Duval, par sa distraction inexplicable, était seul cause de ce fâcheux malentendu. On raconte que le prince répondit en riant : « Est-ce de bonne foi ? » et que le lieu de la rencontre porte encore aujourd'hui le nom d'*Épine de bonne foi*. Il retourna alors sur-le-champ vers Alençon.

Les bourgeois, pendant ce temps, avaient surpris les Anglais qui étaient de garde à la porte de Lancrel, occupés à jouer aux cartes. Jean Wornay qui commandait ce poste, ayant voulu faire quelque résistance, se trouva bientôt serré de si près que, pour sauver sa vie, il sauta dans le fossé et se fracassa les jambes. Le reste n'opposa plus aucune résistance : on ouvrit les portes, on baissa le pont-levis, et le duc fut reçu dans la ville avec tous les témoignages de la plus vive allégresse. Il était accompagné de cent soixante lances et d'un pareil nombre d'archers. Le reste des Anglais se retira dans le château, où ils furent assiégés dans les formes. Louis de Beaumont, capitaine du Mans, accourut avec soixante lances et un corps d'archers pour renforcer les assiégeants. Nicolas Morin, capitaine pour les Anglais, après s'être défendu pendant quelques jours, demanda à capituler et obtint la liberté de se retirer vie et bagues sauves.

Les quatre bourgeois furent anoblis en récompense du service signalé qu'ils avaient rendu, et la ville obtint elle-même de la générosité du duc divers privilèges. Le souvenir de cet événement est resté légendaire à Alençon où l'on prétend, à tort, que la rue aux Sieurs est ainsi appelée en mémoire des quatre sieurs ou échevins de la ville (1). Le duc d'Alençon se dirigea alors vers Fresnay-sur-Sarthe, dont il s'empara, mais qu'il ne put conserver.

III

De leur côté, les comtes de Dunois et de Clermont, après s'être emparés de Bernai, de Rugles, de Livarot et de la Ferté-Fresnel, avaient mis le siège devant le château d'Exmes, dont la garnison demanda bientôt à capituler (2).

Les châteaux de Touques et Chambois, tous deux très forts, se rendirent sans résistance, aux mêmes conditions. On possède plus de détails sur la prise d'Argentan qui eut lieu cinq jours après (4 octobre). Les Anglais n'avaient rien négligé pour s'y concilier les sympathies des bourgeois. Ils avaient confirmé et amplifié leurs libertés municipales et leurs privilèges. Ils avaient fait réparer les bâtiments de l'Hôtel-Dieu et reconstruire l'église Saint-Martin, ainsi que tous les édifices dévastés lors du siège soutenu contre eux, en 1417, par Guillaume L'Arçonneur, maître d'hôtel du duc d'Alençon. Ils avaient, en outre, fait réparer les fortifications pour les mettre en état de résister au canon, en rendant plus étroites les meurtrières des tours. William Winington, nommé gouverneur d'Argentan par le roi d'Angleterre,

(1) *Aperçus historiques sur le vieil Alençon, à propos de la Briante et de la rue aux Sieurs.* — Alençon, Lepage. 1886, in-8°.

(2) Strenuissimi comites Dunensis, de Claromonte, Nivernensis, occupatum ab Anglicis castrum Oximiarum ferri metu concussum eximunt; pacto tamen deditionis preservata corporum salute, castrensia barbari recedentes apportant. Deinceps propere iidem bellorum duces præparatissimam obsidionem ad fidissimum et ornatissimum Argentanei oppidum transvecturi accedunt. (Blondel, *ibid.* T. II. p. 127.

Voir pour les détails l'étude de notre confrère M. du Motey, intitulée *La Ville, le Château et le pays d'Exmes pendant l'occupation anglaise, de 1417 à 1449,* publiée dans *Le Bulletin de la Société historique et archéologique de l'Orne,* (T. VIII, p. 101-148).

M. Gustave Le Vavasseur qui s'est fait un jour, lui aussi, le chroniqueur officiel de la ville d'Exmes, nous a donné la relation poétique du siège de 1449, sans oublier la part que durent y prendre les bourgeois :

> Exmes ne peut porter la livrée étrangère.
> En l'an quatorze cent quarante-neuf, Dunois,
> — Il n'était pas encore parti pour la Syrie —
> Rend Exmes pour toujours à la mère patrie.

avait, en outre, fait construire de nouveaux forts, en avant des principales portes et un avant-fort dans le faubourg Saint-Jacques.

Cependant dès que l'artillerie fut à portée des murailles, la garnison effrayée demanda à parlementer :

> Les Anglois fort se débatoient,
> Pour gaigner le temps par discord.
> Et pour ce, les gens de la ville,
> De l'autre part, secrètement,
> Si tindrent entr'eulx leur concille,
> Pour eulx garder de broullement ;
> Si prièrent lors les bourgeois,
> Pour pourveoir en ceste matière,
> Aulcuns des seigneurs françois
> Qu'on leur baillast une banière,
> Disans que là où la bouteroient
> Les François vinsent hardiment,
> Car dans la ville les mettroient,
> Qui qu'en grongnast aucunement.
> Bref comme les Anglois estoient
> A la porte, pour le traictié,
> Les François par les murs montoient
> Pour entrer l'autre costé.

N'en déplaise aux poëtes, cette chronique rimée et semi-officielle, œuvre de Martial de Paris, a bien son mérite ; et sa précision, plus grande que celle de Mézeray, vantée par Boileau, doit nous rendre indulgents pour la prosodie et pour l'harmonie. Avec Martial de Paris, nous suivons pas à pas les Anglais, qui, surpris par l'entrée des Français dans la ville, n'ont que le temps de se réfugier dans le château. Une grosse bombarde, appliquée contre les murs d'enceinte de la vieille forteresse, du premier coup, y fait une brèche « où eust passé une charrette ».

> Les François, par le dit pertuys
> Du chastel, quant et quant montèrent,
> Par quoy les Angloys, tost depuys,
> Au donjon si se reculèrent.

Le capitaine Olivier de Carsalion, quoique brave, demanda à capituler et obtint de se retirer avec sa garnison « un baston blanc au poing », Et ainsi, grâce à l'initiative courageuse des bourgeois, fut prise en peu d'heures une ville,

> Ou l'on eust bien mis demy an,
> S'elle eust voulu tenir frontière.

Pendant que Dunois rejoignait l'armée de Charles VII, pour l'aider à soumettre la Haute-Normandie et le Cotentin, le duc d'Alençon achevait, avec l'aide de Poton de Xaintrailles et Raoul Tesson, de déloger les Anglais des postes qu'ils occupaient encore dans son duché. Voici comment Bart des Boulais, dans son *Recueil des Antiquités du Perche*, raconte la prise de Bellême et de Mortagne :   •

Au commencement de novembre, l'an mil quatre cent quarante-neuf, le dit seigneur duc d'Alençon avec ses troupes, où estoient les seigneurs de Montênay, Raoul Tesson, le sire de Xaintrailles, le bailly de Berry et plusieurs autres chevaliers et escuyers, au nombre de trois cens lances, sans les archers et gens du païs, montans environ deux mil combattans, assiégea son chasteau de Bellesme, où estoit capitaine Matago pour l'Anglois et plusieurs gens de qualité ; et après plusieurs sorties et escarmourches faictes de part et d'aultre, où les Anglois eurent toujours du pire, les Anglois qui ne se sentoient bastans pour soutenir l'assault, parlementèrent, traictèrent et promirent leur rendre dedans le vingtiesme décembre suivant, au cas que dedans ce jour ils ne seroient secourus par les gens de leur party et qu'ils ne seroient les plus forts au champ de bataille, ce que le dict duc leur accorda.

Résolu d'attendre les Anglois, se campa avec ses gens devant le dict Bellesme, y tint pied ferme, attendant chacun jour les Anglois, lesquels se mirent en chemin environ deux mil qui approchèrent à Origny qu'ils bruslèrent et de là à Torcé (1), où estans, par leurs espions advertis des forces dudict duc qui les attendoient en intention de les combattre, se retirèrent les dicts Anglois. Fut le dict Bellesme rendu, le vingtiesme du dict mois de décembre 1449. Délivra le dict Matago audict duc d'Alençon les armes et meubles qui estoient dedans le dict Bellesme et en print acquit par devant Tassin Thiboust, tabellion à Mortagne. Sortirent les dicts Anglois, à la conduite de Matago, leur capitaine, au nombre de deux cens et s'en allèrent leurs baguessaulves. Y entra le dict duc d'Alençon avec beaucoup d'honneur et réputation et y fut reçeu par des subjects avec tous les applaudissements et bienveillances qu'il eust peu désirer.

Bellesme rendu, le duc d'Alençon envoya sommer les Anglois qui tenoient Mortagne de sortir et le luy quitter, ce qu'ils firent à la première sommation, au nombre de deux cens, conduicts par leur capi-

____

(1) Blondel complète ce récit par un détail pittoresque. Il dit que quoique le duc d'Alençon n'eût avec lui qu'un petit nombre de combattants, il attendit bravement l'ennemi, dans la plaine, couvert de son armure, jusqu'au jeudi 20 décembre et il ajoute : « *Hec constancia ingenti audacie et honori summo duci ascribitur...* (Blondel, II, p. 169).— J. Chartier, II, 175, dit que les bandes de Mathieu Goth bruslèrent Torigny et s'avancèrent jusqu'à Thury. La version adoptée par Bart des Boulais nous paraît meilleure.

taine Mathieu Goth, que le dict duc fit conduire jusques vers le village de Besdon, sur le chemin tendant de Mortaigne à Longpont.

Les François les ayant quittez et dict l'adieu, s'en retournans, trouvèrent ung lièvre qui print sa course vers les Anglois, après lequel les François commencèrent à crier et courir. Les Anglois les oyans et voyans crier et courir vers eulx, n'en sçachans la cause, tournent visaige et, l'arc et la flèche en la main, teste baissée, chargent les François à coups de flèche. Les François, moindres en nombre, se défendent ; secours leur vint de Mortaigne. Furent les Anglois défaicts, morts et en fuite. Pour mémoire perpétuelle de ceste défaicte, les habitants du dict Mortaigne firent faire et eslever, au lieu où fut la dicte défaicte, ung petit oratoire de pierre où estoit l'image de la Vierge, partie duquel oratoire y est encore, appelée la *Mariette de Besdon.*

Puis peu temps, un païsart, abattant ung gros et vieil orme creux, au lieu où fut la défaicte des dicts Anglois, trouva dedans le creux d'icelluy une cuirasse avec ses brigandines et dedans icelles les os d'un corps humain. C'estoit quelque Anglois poltron qui, craignant mourir ou qu'il n'en restast des aultres pour en porter nouvelles en leur païs, s'estoit caché dedans cest arbre creux où il s'enaormit et y est demeuré plus de cent cinquante ans.

Le dict sieur duc mit et establit pour capitaine au dict Mortaigne pour le tenir soubz l'obéissance du Roy, Loys Labey, bailly du Perche, et Jehan Denisot, pour son lieutenant, au lieu de Mathieu Goth, anglois, que le duc d'Estafort, anglois, qui avoit usurpé le comté du Perche, y avoit mis (1).

On sait que l'épisode du lièvre de Besdon a fourni à M. Gustave Le Vavasseur le sujet d'une charmante chronique en vers, lue à la séance de la Société historique et archéologique de l'Orne, tenue à Mortagne en 1885.

IV

Cependant Charles VII, après avoir soumis, au cœur de l'hiver, toutes les places du littoral jusqu'à Caen, était parti de Grestain, vers la fin février 1450, sans se laisser arrêter par les conseils d'Agnès Sorel qui, mourante, s'était fait transporter à Jumièges pour essayer de lui persuader qu'il était trahi. Détail qui prouve, pour le dire en passant, que la dame de Beauté ne fut pas, comme le prétend la légende, l'inspiratrice des pensées viri-

(1) *Documents sur la province du Perche,* publiés par le Vte de Romanet et M. H. Tournouër, 7e fascicule, janvier 1892

les qui opérèrent, comme par miracle, la libération du territoire normand.

De Grestain, Charles VII s'était rendu, par Bernai, à Essai
et à Alençon où il arriva le 15 mars. De là, il alla en personne assiéger Fresnay, dont s'étaient emparé de nouveau deux
des plus terribles pillards de toute la Normandie, André Trolot
et Jaquelin Wasquin, « lesquels avoient en leur compagnie
quatre à cinq cens Anglois et Normans, surnommés François
rénégats ». Ces brigands obtinrent du roi comme les autres, des
conditions très douces. Charles VII avait adopté la politique que
suivit plus tard Henri IV. Ils lui versèrent 10 000 écus d'or,
moyennant quoi, ils purent se retirer dans les places de Falaise et
de Caen encore au pouvoir des Anglais. Charles VII séjourna à
Alençon (1), puis à Sées et à Argentan (2) pendant les mois de mars,
d'avril et de mai, en compagnie du duc Jean II et de René, roi
de Sicile. C'est à Alençon qu'il apprit le débarquement des Anglais et la victoire de Formigny (18 avril), suivie de la prise de
Vire, d'Avranches et de Bayeux (16 mai), défendu par Mathieu
Gough et où se trouva l'armée du duc d'Alençon commandée par
le sire de Montenay.

Notre pays dut être alors le théâtre d'autres faits militai-
res dont les chroniques ne font pas mention. Ne s'est-on pas
battu alors au pont des Tourailles, point stratégique remarquable ?
Le nom de Notre-Dame de Recouvrance, donné à la chapelle des
Tourailles et quelques autres indices semblent autoriser cette
supposition (c).

Charles VII, le roi René, le duc de Calabre, son fils, et le duc
Jean II partirent d'Alençon le 5 juin, d'où ils se rendirent à
Argentan et de là à Saint-Pierre-sur-Dives, pour prendre part au
siège de Caen, commencé par Dunois. Martial de Paris, dans
sa chronique, n'a pas manqué de relater cet événement.

> Pendant le dit siège de Caen,
> Les Roys de France et de Secille

(1) Charles VII était à Alençon le 14 avril 1450. A cette date il ordonne la
distribution de 2,000 livres outre le principal accordées par les états du Bas-
Limousin *(Les états provinciaux de la France centrale* par Antoine Thomas
t. I, p. 235, n.

(2) Le 13 mai 1450, Charles VII, par lettres datées d'Argentan, nomma
Louis d'Estouteville gouverneur d'Avranches. *(L'Avranchin pendant la
guerre de Cent ans,* par Ch. Lebreton, p. 247).

> Si se partirent d'Argentan,
> Ayant des gens plus de six mille.
> Les ducs de Calabre, Alençon,
> Du Mayne, Saint-Pol, Tancarville,
> Lorraine et grans gens de façon,
> Trainel, Poully et de Blainville,
> Si vindrent à compaignie vive,
> Au chemin de Caen hébergier,
> Au lieu de Saint-Pierre-sur-Dive,
> Où le Roy veus la nuyt logier.

Le duc d'Alençon qui, comme on vient de le voir, avait accompagné Charles VII au siège de Caen, figura un des premiers, en tête de l'escorte, à l'entrée du roi. Le récit des chroniqueurs du temps nous permet de nous faire une idée de cette cérémonie. Le roi partit de l'abbaye d'Ardennes à cheval, entouré de princes et de chevaliers. Les bourgeois viennent au-devant de lui avec Dunois et lui présentent les clés de la ville. Le clergé le reçoit au chant des cantiques. Les rues par où il passe sont ornées de tentures, de tapis et de draps de diverses couleurs. Cris d'allégresse, célébrant une victoire, exempte de meurtre et de pillage.

Le même jour, Xaintrailles se présentait devant Falaise suivi par les francs-archers, commandés par Jean Bureau, qui conduisait aussi l'artillerie. Le 8, Charles VII partait de Caen et s'arrêtait à Saint-André-de-Gouffern, pendant que le duc d'Alençon se logeait à Sainte-Marguerite de Vignats. Le 21 eut lieu la reddition de Falaise, après laquelle de tant de forteresses que les Anglais regardaient comme inexpugnables, il ne restait plus que Cherbourg, dont le siège avait commencé aussitôt après la prise de Caen, et Domfront qui, attaqué le 21 juillet par Charles de Culant et par Jean Bureau (D), suivis d'un grand nombre de vaillants chevaliers et de quinze cents archers, fut obligé de se rendre dès le 2 août.

Le 12 eut lieu la prise de Cherbourg, qui acheva la conquête de toute la Normandie.

S'il nous est permis de formuler un regret, c'est que la carrière politique du duc Jean II n'ait pas été close par cette campagne mémorable ; il eût échappé ainsi aux suggestions perfides dont plus tard il ne sut pas se défendre, et la statue de ce fidèle compagnon de Jeanne d'Arc pourrait aujourd'hui se dresser fièrement sur une des places de sa ville natale.

Louis DUVAL.

NOTES ET ÉCLAIRCISSEMENTS

(A)

Thomas Basin, évêque de Lisieux, dans sa *Chronique* (I, 165-181), s'est fait l'interprète des sentiments d'opposition que souleva l'œuvre d'unification et de centralisation entreprise par Charles VII. L'armée permanente, selon lui, est un instrument de despotisme et d'exaction qui met à la discrétion du roi la vie et les biens de ses sujets. L'entretien de ces troupes est un prétexte pour établir des impôts qui ne sont pas toujours mesurés à leurs besoins.

Cette résistance se rencontra, comme on le voit, non-seulement parmi les représentants du régime féodal, mais même parmi les membres du clergé et aussi dans le peuple.

Notre vieil historien, Mézeray, en rappelant, à toute occasion, que les Français, à l'origine, étaient libres et qu'ils ne connaissaient ni la taille perpétuelle, ni l'armée permanente, ne s'écartait donc pas autant de la tradition qu'on l'a dit. Il nous semble au contraire reconnaître en lui l'écho lointain d'un sentiment qui s'était conservé au sein des masses populaires et que ni l'autorité des chroniqueurs officiels, ni deux siècles de centralisation n'avaient pu complètement étouffer.

(B)

La succession des seigneurs de Longny et leurs alliances au xv⁰ siècle, exigeraient des éclaircissements que nous espérons pouvoir donner plus tard, mais qui ne peuvent trouver place ici.

(C)

Nos pères, en effet, avaient coutume de donner une consécration religieuse à la commémoration de tous les événements de la vie de famille et de la vie sociale. On a vu plus haut qu'en souvenir de la bataille de Verneuil où tant de Français avaient perdu la vie, un pieux ermite avait fait ériger une chapelle.

La *Mariette de Besdon,* près Mortagne, a la même origine.

A Niort, existait une chapelle appelée *Recouvrance.* destinée à rappeler la recouvrance de la ville par Du Guesclin. Tous les ans, le 27 mars, on y faisait une procession à laquelle assistait tout l'échevinage Les frais de la messe et de la procession étaient à la charge de la ville (L. Favre. *Histoire de la ville de Niort,* p. 83).

Il existe en France un assez grand nombre de localités dans lesquelles ont existé des chapelles semblables.

Nous avons dans l'Eure N.-D. de Recouvrance, chapelle fondée en 1496 dans le parc de Dangu.

On retrouve les mêmes souvenirs dans les Côtes-du-Nord (commune de Caulnes), dans le Finistère (commune de Brest), dans la Loire-Inférieure (commune de Gatigné), dans le Morbihan (à la limite du bourg de Nogalo), dans le Maine-et-Loire (commune d'Alonnes), dans les Ardennes (commune de Bassogne).

Charles VII, on le sait, avait demandé que des prières d'action de grâce fussent célébrées le 13 août en mémoire de la libération complète du territoire normand par la prise de Cherbourg. C'est en exécution de cette pieuse pensée que, tous les ans, les chanoines de la cathédrale de Sées se rendaient en corps processionnellement à l'église des Cordeliers de cette ville, pour entendre une messe célébrée par un des pères de cette communauté, pendant laquelle deux des religieuses leur distribuaient, ainsi qu'à tout le clergé, des bouquets de fleurs qu'ils portaient à la main en signe de triomphe en retournant à la cathédrale, au chant des litanies des Saints. Cette fête commémorative fut célébrée à Sées jusqu'à la Révolution de 1789. A Bayeux, elle subsiste jusqu'en 1830. Depuis l'introduction de la liturgie romaine, les églises de Bayeux et de Coutances en ont mémoire le jour de l'Assomption, au salut du Saint-Sacrement. Il est regrettable que la liturgie sagienne n'ait conservé aucun vestige de cette fête à la fois religieuse et patriotique (*Essai historique sur la cathédrale et le chapitre de Sées*, par H. Marais et H. Beaudouin).

(D)

(B) Charles VII se montra reconnaissant et généreux envers Jean Bureau. Il lui fit don, le 10 août 1450, de la seigneurie de Fontenay, en France (1). Le 9 février 1451 (n. s.), Jean Bureau obtint une nouvelle marque de la bienveillance du roi par l'octroi de lettres-patentes précédées du préambule ci-dessous :

« Comme notre amé et féal conseiller et maistre de nos comptes, maistre Jean Bureau, trésorier de France, nous ait fait plusieurs grans et louables services, en maintes manières, et mesmement derrenierement au recouvrement et redduction de notre pais et duchié de Normandie, lequel par la grâce de Dieu, notre Créateur, avons recouvré et remis en notre dition et seigneurie et délivré de la subjection et servitute de noz anciens ennemis les Anglois qui, longuement, l'avoient, par volerie, détenu et occupé, en quoy notre dit conseiller a souffert moult de paines et travaulx, conduyt à grant dilligence le fait de notre artillerie et esté à tous les sieges que avons mis et fait mettre en notre dit pais et duchié de Normandie, et faiten icelle conqueste plusieurs autres grans services, en quoy faisant il a vacqué et entendu de nuyt et jour, à très grant cure et dilligence et exposé son corps en grans perils et dangiers. »

En conséquence, le roi lui fit don de « la terre, chastel, baronnie et seigneurie de Bréouze et ses appartenances, appendances et dependances » advenus au roi par confiscation sur Jean Affourd, Anglais, et sur ses

_____

(1) P. Anselme. *Histoire des grands Officiers de la couronne*, t. VIII p. 135.

enfants, « qui la soulloient tenir, parce qu'ils sont allez demourer en l'obéissance de nos anciens ennemis les Anglois et tiennent leur party. »

Charles VII, par une charte précédente, avait disposé de l'usufruit de la baronnie de Briouze et du fief de Bellou, en faveur d'un autre de ses officiers, Pierre de Conches, écuyer, homme d'armes de la garde du corps du roi et son échanson, pour en jouir sa vie durant, jusqu'à la valeur de trois cents livres par an de revenu. Mais, par une autre ordonnance, Pierre de Conches s'en était dessaisi, suivant un ordre du roi, en faveur de Jean Bureau.

Dans les lettres-patentes du 9 février 1451, le roi déclare qu'il a fait ce don à Jean Bureau, en considération des services qu'il a rendus à la couronne : « Voulans aucunement l'en remercier et le recongnoistre envers lui, comme tenus y sommes et affin quil soit memoire perpetuel desdits services ».

Le roi ne met qu'une seule condition à cette donation faite à Jean Bureau et à ses enfants, à perpétuité, c'est « qu'il sera tenu de récompenser le sire de Montague et Pierre Arnault de Vignolles qui prétendent avoir droit en la dite terre ».

Quelques années plus tard, le descendant des du Merle, anciens seigneurs de Briouze et de Bellou, rentra en possession de l'héritage de ses ancêtres, par l'entremise de Pierre de Brézé, grand sénéchal de Normandie. Ce dernier, ayant réduit et reçu en l'obéissance du roi, Guy de Briouze, lui avait promis de le faire rentrer en possession de ses biens. Pour cela, Louis de Harcourt, archevêque de Narbonne, allié aux du Merle, consentit, à la sollicitation de Pierre de Brézé, à racheter de Jean Bureau la baronnie de Briouze et la lui rétrocéda. Ce dernier fit alors remise à Guy de Briouze de la dite baronnie et des deniers avancés à cette occasion (1459, 29 janvier, n. s. Archives de l'Orne, H, 13).

Sur Jean Bureau, on peut consulter outre l'*Histoire des grands Officiers*, t. VII, une dissertation de Godefroy, p. 866 et suiv. de l'*Histoire de Charles VII*, et l'article que lui a consacré M. Antoine Thomas, dans son savant ouvrage intitulé *Les États provinciaux de la France centrale sous Charles VII*, t. I, par 290 et 291.